Td 124
25

LE MÉMENTO

DU

PÈRE DE FAMILLE

ET DE

L'ÉDUCATEUR DE L'ENFANCE

Mirecourt — Imp. Humbert

LE MÉMENTO

DU

PÈRE DE FAMILLE

ET DE

L'ÉDUCATEUR DE L'ENFANCE

OU

LES CONSEILS INTIMES SUR LES DANGERS DE LA MASTURBATION

PAR

Le Docteur **DEBOURGE**, de Rollot,

MEMBRE DU CONSEIL D'HYGIÈNE PUBLIQUE ET DE SALUBRITÉ
DE L'ARRONDISSEMENT DE MONTDIDIER;
MEMBRE DE VINGT-SEPT ACADÉMIES ET SOCIÉTÉS SAVANTES, ETC.

La masturbation épuise, énerve, abâtardit,
abêtit, désorganise, tue !...

MIRECOURT

CHEZ HUMBERT, IMPRIMEUR-LIBRAIRE-ÉDITEUR

1860

AVANT-PROPOS.

Ce petit Ouvrage est destiné à produire de grands biens en prévenant les plus grands maux. Il est le fruit d'une longue expérience. Il est à l'adresse des Pères de famille et des éducateurs de l'enfance ; mais c'est principalement aux jeunes gens qu'il est destiné, avec cette réserve cependant, qu'il ne sera mis entre leurs mains que comme un puissant remède, et lorsque d'impérieuses nécessités le commanderont.

LE MÉMENTO

DU

PÈRE DE FAMILLE

ET DE

L'ÉDUCATEUR DE L'ENFANCE

Il est une pratique pernicieuse, une cause puissante de dépopulation, dont les effets sont d'autant plus fatalement désastreux, que quand ils ne tuent point, ils tendent toujours à l'abâtardissement, à l'abrutissement, à la dégradation et à la dégénération de l'espèce : je veux parler des déplorables manœuvres solitaires qu'on connaît généralement sous les noms de masturbation, d'onanisme, et que j'appellerais volontiers du nom de mastupratiomanie, par la raison qu'une fois contractée, cette funeste habitude asservit bientôt le malheureux qui s'y abandonne, qu'incontestablement elle le jette peu à peu dans la catégorie des infortunés que le moi ne dirige plus, et pour lesquels les avertissements de la science, les conseils de la famille, les préceptes de la morale, les enseignements sacrés de la religion, les lois imprescriptibles de la nature et des sociétés, l'intérêt même de leur propre conservation, ne sont plus que de vains mots, que des mots vides de toute influence.... Ah! combien sont à plaindre, combien sont profondément malheureux les jeunes gens qu'un funeste hasard, qu'une précocité trop grande de l'instinct génital, qu'une déplorable intimité, que des conseils pervers ont jeté dans l'affreux précipice de maux, de tortures, de destruction, dans lequel un jour, jour trop tardif, hélas! bourrelés, déchirés de remords, épuisés par d'horribles souffrances, ils s'agitent, se débattent vainement pour ressaisir un reste d'une existence à laquelle ils se cramponnent d'autant plus fortement qu'ils la sentent plus près de leur échapper... Le cœur saigne à la vue d'aussi déchirants spectacles, et quelle main secourable ne se hâterait donc pas d'elle-même pour arracher de l'abîme des infortunés qui vont s'y engloutir pour jamais....

Vous, jeunes gens, qui devenez les victimes d'une funeste inexpérience plutôt que d'une cynique corruption, dédaigneriez-vous donc la main amie que vient vous tendre un véritable philanthrope?... Resteriez-vous sourds à sa voix?... Vous pères, vous mères de famille, vous aussi, dignes citoyens, qui consacrez les plus belles années de votre vie au rude labeur de l'instruction, de l'éducation de l'homme, dédaigneriez-vous les judicieux conseils, les préceptes nés d'une longue expérience, à l'aide desquels je veux aussi vous seconder dans la partie la plus délicate, la plus difficile de la tâche immense que vous avez à remplir?... Oh! non... non... tous, au contraire, vous lirez mon opuscule, dont chaque page vous reflétera tout mon sympathique intérêt; et vous me saurez gré des quelques heures que j'ai consacrées à sa rédaction... Ah! puissé-je ne pas m'abuser.... puissé-je être assez heureux pour arracher de nombreuses victimes à la mort assurée qui les attend.... et vous, pères, mères, instituteurs, moralistes, puissiez-vous prendre mon livre sous votre précieux patronage et le répandre partout.... Alors ce petit ouvrage qui, à cause du seul but vers lequel il tend, me paraît avoir droit à l'indulgence de tous, deviendrait, puissante égide, un nouveau palladium de l'inviolabilité des lois éternelles de la nature, la sauvegarde de la santé des individus, du bonheur des familles, de l'intégrité de l'espèce, de la haute intelligence des races, de la force des Etats, de la perpétuité des sociétés......

De tous les êtres vivants que la création a jetés sur la surface du globe, c'est celui envers lequel la nature a épuisé tous ses trésors, qu'elle a laissé le plus parfait, qui seul, offre à l'observateur l'infâme souillure des pollutions séminales... Triste privilége de cette admirable prodigalité, de cette toute divine perfectibilité, si, à côté de la force intérieure qui le pousse vers un affreux précipice, l'homme ne se sentait pas retenu sur la pente, hélas! trop fréquemment fatale encore, par une puissance douée de beaucoup plus de force; par sa conscience, par sa sublime raison... S'il succombe au fallacieux attrait du vice, au penchant pervers qui l'entraîne, c'est parce qu'il s'opiniâtre à rester sourd aux voix intérieures qui lui crient continuellement de vaincre; ou bien, que d'un âge trop tendre encore pour savoir résister, le cri, qui au-dedans de sa personne lui commande d'arrêter, n'est pas suffisamment secondé par les conseils d'une sage expérience....

Ce n'est pas seulement à l'époque où nous vivons que la beauté, l'intégrité, la perpétuité de l'espèce, se sont trouvées gravement compromises par le vice odieux des jouissances solitaires; ce sensualisme *contre nature* paraît presque aussi vieux que le monde, et on le rencontre tout aussi bien dans les sociétés sauvages que dans les sociétés civilisées. C'est une dure, une bien désolante vérité que celle qui vient de découler de ma plume, mais pourquoi donc ne la dirais je point tout entière, surtout si cette malheureuse vérité peut me fournir un moyen de plus pour m'aider à déchirer le voile et mieux me guider vers le but?...

Si nous arrêtons un instant notre pensée sur la conformation de l'homme et de la femme, sur la situation de leurs organes génitaux, en quelque sorte sous la main, si nous étudions les différents actes de l'économie, les différents états morbides qui peuvent activer, solliciter, provoquer la fonction génitale ; si nous cherchons à pénétrer cette cause cachée, mystérieuse, qui pousse prématurément certains sujets à des sensations que la nature réserve ordinairement pour un âge plus avancé, nous constatons bien vite que, dans un grand nombre de cas, la nature humaine porte avec elle le principe de ses propres égarements, et nous nous expliquons la cynique prééminence précitée. Mais nous constatons également que, dans une infinité d'autres cas, l'aberration clandestine contre laquelle nous nous élevons, naît de sources toutes différentes de celles dont nous venons de nous occuper.

Tous les mastupratiomanes que la mort a moissonnés à la fleur de leurs ans, ont-ils été à temps et convenablement éclairés sur les dangers des manipulations secrètes auxquelles ils se livraient? Déjà l'expérience de tous les temps a répondu par des milliers de faits à cette importante question... Interrogeons nous-mêmes cette expérience, et nous resterons tous profondément persuadés qu'un grand nombre des jeunes gens qui se livrent à la masturbation, sont victimes de manœuvres dont ils n'ont reconnu les funestes conséquences que quand déjà elles avaient produit dans leurs organes des atteintes d'une extrême gravité... Nous resterons également convaincus que beaucoup sont incapables, par leur âge, d'apprécier qu'ils marchent ainsi journellement à leur perte... Ce n'est certainement pas que les écrits des moralistes, que les ouvrages des médecins aient à cette occasion fait défaut; loin, bien loin de tous, cette mensongère supposition. Mais ce qui a fait défaut dans la grande majorité, j'ai pensé dire dans la presque universalité des cas, c'est que les enseignements salutaires ne sont venus que quand déjà de profondes racines avaient rendu le mal, et physiquement, et moralement incurable... Il est une vérité que l'on ne pourra jamais trop reproduire, c'est que les conseils qui auront pour but de prévenir les affections graves qu'entraîne continuellement à sa suite la fatale pratique de l'onanisme, agiront toujours beaucoup plus efficacement que tous les remèdes qu'ensuite on pourra mettre en usage pour les combattre... Il serait erroné de craindre qu'en agissant ainsi, on s'exposerait à développer plutôt en ces malheureux jeunes gens le funeste penchant auquel on veut les soustraire... Les personnes qui pourraient croire qu'en faisant connaître un vice affreux, ce serait le moyen le plus sûr de le répandre au lieu de l'arrêter, ne songeraient donc point que si c'était multiplier un vice que d'en démontrer les dangers, certains préceptes de morale deviendraient des leçons dangereuses qu'il faudrait alors à jamais proscrire... Si vous voulez éviter au voyageur étranger l'affreux malheur de tomber dans un précipice que vous connaissez, attendrez-vous donc, pour le prévenir, que déjà il ait un pied dans l'abîme?... Pourquoi n'agirions-nous pas de même envers cette jeunesse si brillante d'avenir, l'espoir de la société entière?... Pourquoi tout aussitôt qu'elle est parvenue à l'âge où elle se trouve capable de nous comprendre, ne lui montrerions-nous pas le gouffre affreux qui d'un moment à l'autre peut s'ouvrir sous ses pas?... C'est là, ne nous le dissimulons point, c'est là seulement qu'est le préservatif à opposer au mal le plus désorganisateur de tous ceux qui affligent l'humanité... Ne craignons donc pas plus que les révélations précoces que nous allons faire à nos enfants ne fassent naître en eux la fatale habitude que nous voulons prévenir, que nous ne redoutons de les prémunir à tout instant, et avec la plus pressante sollicitude, contre tout ce qui peut compromettre leur existence, contre l'action malfaisante de tels agents, de telles substances que nos pères eux-mêmes se sont empressés de nous apprendre à reconnaître comme nuisibles, voire même comme destructives... Il importe donc bien essentiellement, par de judicieux conseils, par des avis sages et délicats, de tout faire pour s'opposer fortement au développement d'un acte qui, une fois passé en habitude, est si difficilement déracinable, d'un acte qui finit toujours par maîtriser entièrement le malheureux qui s'y livre; par le rendre tout à fait sourd, tout à fait insensible à la voix désormais trop faible de sa raison expirante...

Mais le malheur a-t-il voulu que déjà, et à votre insu, l'hydre se fût introduite dans vos familles, qu'un ou plusieurs des membres qui les composent, se trouvât en proie à ses ravages incendiaires, désorganisateurs... oh! alors, hâtez-vous, redoublez de zèle... C'est à l'aide d'une incessante surveillance, des avis les plus affectueux ou les plus sévères, des conseils et des prescriptions du médecin qui a votre confiance, que vous arriverez fréquemment encore à couper dans sa racine un mal affreux. Mais il n'y a plus un seul moment à perdre : l'édifice de la vie se mine sourdement, et bientôt il peut crouler dans vos mains devenues trop défaillantes pour lui servir d'appui.

Des personnes très-honorables ont pensé qu'appeler ainsi l'attention des jeunes gens sur un vice affreux qu'ils ignorent, c'est s'exposer fortement à le leur faire contracter. Je ne partage point cette opinion... La précocité du vice est malheureusement une des plaies de notre époque, et si, dans un petit nombre de cas, on s'adresse à une âme encore candide et pure, combien de fois le contraire n'aura-t-il pas lieu? Si c'est là qu'est l'écueil, c'est là assurément aussi qu'est le seul remède véritablement efficace... Du reste, le conseil que je crois devoir donner pourra être utilisé, ou plus tôt, ou plus tard, suivant des circonstances dont la vigilance et la sollicitude des parents se feront juges... Ainsi, une robuste et joyeuse santé permettra certainement d'attendre, tandis qu'un état de langueur et de dépérissement qui n'est point ordinaire, commandera impérieusement d'agir, et sans le moindre retard... Tant mieux si l'on s'était trompé... Quelle que soit la cause de l'altération de santé qui alarme, cette cause sera toujours beaucoup moins redoutable que ne l'eût été celle qu'on se croyait en droit d'accuser... et qui, cela n'est pas impossible, aurait pu venir encore ajouter sa pernicieuse influence, ainsi qu'on l'a constaté bien des fois... Une mauvaise santé n'est point une garantie constante contre l'attrait de jouissances qui tuent...

Ce n'est pas seulement à l'époque orageuse où l'homme devient apte à se reproduire que nous le voyons en butte aux nombreuses affections morbides qu'entraîne à sa suite la pratique odieuse de l'onanisme ; nous rencontrons trop souvent encore ces affections sur des sujets impubères, et même sur des enfants dans l'âge le plus tendre. Si les premiers ne doivent le plus ordinairement le penchant funeste qui les maîtrise qu'à de pernicieux exemples, qu'à d'infâmes provocations, les autres le doivent généralement soit à la précocité toujours funeste de l'instinct génital, soit à quelque malheureux hasard, à quelque attouchement imprudent ou irréfléchi, qui leur a révélé dans leurs organes sexuels des sensations agréables qui, jusque là, leur étaient inconnues. Ces enfants, entraînés alors par une sorte d'instinct, continuent des manipulations qui, chaque jour, les font s'acheminer vers la tombe, ou qui leur préparent des maux cruels, souvent plus terribles que la mort elle-même. Une fois cette triste vérité plus généralement répandue, l'œil pénétrant d'une vigilante mère ne tardera pas à s'apercevoir que son enfant se livre à des manœuvres destructives, et promptement elle s'efforcera de porter remède à une aussi désastreuse perversion. On voit de suite de quelle importance il est de surveiller constamment les jeunes enfants, ceux même qui sont au berceau, de s'opposer à ce qu'ils ne portent machinalement, et ainsi qu'ils le font très-souvent, leurs petites mains à leurs organes sexuels, et d'éviter avec une bien scrupuleuse attention d'y porter soi-même une main imprévoyante ou dangereusement chatouilleuse, ce qui a lieu quelquefois et sans mauvaise intention. Il est irrévocablement démontré qu'il suffit de quelques-uns de ces attouchements incendiaires, pour insensiblement amener les enfants à contracter la funeste habitude de la masturbation... Je pourrais citer ici plusieurs observations de malheureux petits êtres qui ont été conduits à l'odieuse pratique de l'onanisme par leur propre mère, leur nourrice ou leur bonne, qui, afin d'apaiser leurs cris, les chatouillaient ainsi aux organes génitaux, loin, bien loin qu'elles étaient de s'imaginer que par ces sortes de manœuvres elles exposaient ces enfants à de pareils dangers !...

Parmi les causes occasionnelles de la mastupratiomanie, dans l'un et l'autre sexe, nous devons noter ici certaines dispositions congénitales, naturelles ou morbides, qu'il est bon de ne pas ignorer, et qui, connues des parents, devront les tenir continuellement en éveil. La longueur, l'étroitesse extrême du prépuce, l'accumulation de la matière blanchâtre qui se trouve entre cette enveloppe et le gland, l'amas de cette même matière à l'extrémité supérieure des parties de l'enfant femelle, là où la nature a placé un petit tubercule, organe de la plus exquise sensibilité... le séjour trop prolongé de cette sécrétion sébacée lui fait acquérir une âcreté putride, qui, en devenant une cause d'irritation pour ces parties, excite les enfants à y porter fréquemment et instinctivement la main, et ces attouchements réitérés finissent par amener des sensations voluptueuses qui, en provoquant de nouvelles convoitises, font naître la cynique habitude qui ensuite mine, ruine leur santé, les tue !... On comprend de quelle importance il est pour une mère de ne jamais négliger les moyens de la plus minutieuse propreté : mais on comprend en même temps qu'il ne faudrait point, par de trop fréquentes ablutions, des attouchements trop multipliés, s'exposer au développement de sensations qu'il importe tant de ne point éveiller... La prudence et la sollicitude maternelles sauront, ici, comme toujours, rester dans les limites de ce qui seul doit être utile... Le développement d'une affection dartreuse, ou prurigineuse quelconque, soit aux organes génitaux, soit à l'anus d'enfants de l'un comme de l'autre sexe, en appelant aussi de fréquents attouchements vers des organes qu'il convient de religieusement respecter, peut les porter au vice auquel il importe de les soustraire. Il faut donc s'empresser de recourir aux conseils du médecin pour débarrasser promptement ces enfants d'affections susceptibles de leur devenir si préjudiciables... L'existence de vers dans l'intestin rectum doit être signalée aussi comme une cause fréquente de manœuvres clandestines, sur de très-jeunes filles surtout. Ces parasites, en effet, entretiennent une irritation et des démangeaisons vers l'anus, ou bien, ils se déplacent, s'introduisent dans l'intérieur des organes génitaux, titillent incessamment ces parties et y appellent à tout instant l'action machinale d'abord, et puis, provocatrice de la main. Des remèdes vermifuges, des lotions, des injections, avec une forte décoction de racine de grenadier, ou quelque autre moyen analogue que prescrira le médecin de la famille, feront disparaître bien vite la cause que l'on veut anéantir, et arracheront de malheureuses petites créatures à des manœuvres qui pourraient les conduire au tombeau. Certaines dispositions du cerveau, du cervelet, ou de la moelle épinière, deviennent aussi des causes puissantes de masturbation ; mais, seul, l'homme de l'art est apte à les découvrir et à y remédier.

Parmi les différentes habitudes de la vie sociale, comme de la vie particulière, il en est plusieurs qui peuvent puissamment contribuer à faire naître, ou à entretenir les manipulations solitaires dont nous nous occupons. Des aliments trop succulents, trop épicés, des boissons trop excitantes, trop alcoolisées, la lecture d'ouvrages licencieux, la fréquentation de lieux et d'amis suspects, l'oisiveté, le séjour au lit trop longtemps prolongé, un coucher trop mou, trop chaud, etc., sont autant de causes qui portent aux excès génitaux : on ne saurait donc les éviter avec trop de soin.

Je dois m'élever particulièrement ici contre un abus excessivement grave, qui se commet dans une infinité de familles, et sans qu'elles en soupçonnent même le danger : je veux parler du châtiment par la fustigation ; outre que cette pratique offense la pudeur, elle a une action très-prononcée sur les organes sexuels, dans lesquels elle excite un état d'orgasme qui pousse à la masturbation : on a vu encore la fustigation, par un retentissement fâcheux sur la moëlle épinière, devenir la source d'accidents qui peuvent aller jusqu'à compromettre l'existence des individus… Circonstances bien impérieuses, qui frappent de proscription générale un aussi dangereux châtiment.

Ainsi qu'on peut le voir par les considérations qui précèdent, les sujets de l'un et de l'autre sexe sont donc à peu près exposés de même aux accidents qui naissent des aberrations clandestines de la mastupratiomanie. Seulement, si ce funeste et pernicieux penchant se montre généralement plus fréquent sur l'adolescent que sur la jeune fille, il est, par contre, beaucoup plus souvent constaté sur de très-jeunes petites filles que sur de très-jeunes petits garçons ; et, ainsi que je l'ai écrit plus haut, le berceau lui-même offre à l'observateur ses mystères de dépravation. Je crois devoir insister quelque peu sur ce point, parce que, dans nos campagnes surtout, on restera difficılement convaincu que des enfants, à peine débarrassés de leurs langes, puissent se livrer aux cyniques manœuvres qu'on croit n'être possibles que dans un âge plus avancé.

Arrive le moment où les jeunes gens vont cesser d'être sous la surveillance directe des auteurs de leurs jours, pour entrer dans une de ces maisons d'éducation publique si utiles, si précieuses, si indispensables, mais dans lesquelles il devient de plus en plus rare de ne point rencontrer la déplorable pratique des pollutions manuelles, avec le cortége obligé de langueur, de souffrances, de dépérissement, de cette lente agonie physique, morale et intellectuelle ; tristes résultats des abus sexuels aux charmes si fatalement fascinateurs desquels s'abreuve, s'abrutit une jeunesse sans expérience, qui ne sait guère vers quel précipice affreux elle s'achemine ainsi chaque jour... Les ouvroirs, les ateliers, comme les institutions, sont tous endroits où la pratique de l'onanisme est également endémique, où elle fait le plus de victimes ; et cette lèpre étend son contagium avec une rapidité d'autant plus effrayante, que la surveillance la plus active est presque toujours mise en défaut.

Je ne déroulerai point ici le tableau hideusement effroyable des excès onaniques révoltants et destructeurs, dans lesquels finissent toujours par se vautrer les infortunés qui s'y abandonnent ; ma plume se refuserait à retracer les scènes ignobles de ces odieuses turpitudes... Détournons donc nos regards du cynisme affreux dont la hideur nous révolte ; couvrons d'un voile épais certains désordres sur lesquels le mystère aurait bien dû pour toujours appesantir son aile : seulement brisons en mille pièces le prisme trompeur et traîtreusement mensonger qui embellit, qui brillante le vice, et n'omettons dans nos conseils, dans nos observations, rien de tout ce qui pourra lui arracher un plus grand nombre de victimes.

Depuis les temps les plus reculés jusqu'à l'époque où nous vivons, on se plaint, et avec raison, de la décadence toujours croissante de l'espèce humaine, et c'est en vain qu'on chercherait dans les générations actuelles des hommes à formes et à forces herculéennes semblables aux hommes de l'antiquité ; on se refuserait peut-être même de croire à la réalité de ces superbes et vigoureuses races, si l'histoire, si des monuments irrécusables ne venaient bien hautement témoigner de leur existence. Attribuera-t-on maintenant cette dégénération de l'espèce à ce que les individus ont été nourris, ont été logés, ont été vêtus toujours de plus en plus mal, se sont trouvés dans un état de misère de plus en plus grand, ont de plus en plus épuisé leurs forces dans un labeur incessamment plus rude et plus énervant ? Non, vraiment, non. En présence du bien-être général qu'amenèrent et qu'augmentèrent graduellement, sans cesse, toujours, les progrès croissants de la civilisation, une pareille supposition, ne serait pas soutenable. L'homme est de mieux en mieux nourri, de mieux en mieux logé, de mieux en mieux vêtu, et pourtant, malgré tout ce confortable, il dépérit, il dégénère. Est-il donc dans une inexorable immutabilité des lois sacrées de la nature, que les choses doivent se passer ainsi ? Je n'oserais point porter une telle accusation contre la Providence : il me paraît bien plus juste, bien plus rationnel, bien plus logique d'établir avec plusieurs devanciers, que la mastupratiomanie et les autres excès génitaux sont les causes principales de cette décadence, de cette dégénéra-

2.

tion qui nous afflige... Arrivons actuellement à l'énumération des maladies qui minent, qui empoisonnent, qui détruisent peu à peu l'existence des masturbateurs.

Les résultats morbides de la masturbotion ne sont pas les mêmes pour tous les individus. Ces résultats varient nécessairement en formes et en intensité suivant l'âge, le sexe, l'organisation, l'idiosyncrasie des sujets, et aussi, suivant les excès plus ou moins grands auxquels ils s'abandonnent. Pour le sexe féminin, et avant la puberté de l'autre sexe, ce sont les affections nerveuses qui prédominent, mais quand une perte exagérée de sperme vient se joindre à l'ébranlement nerveux, alors l'affaiblissement plus funeste encore qui en résulte, imprime constamment aux maladies qui en sont les suites, une localisation différente, un caractère plus grave et plus rapidement destructeur. Rien n'est plus dangereux, plus énervant, plus essentiellement mortel que des émissions séminales trop fréquemment réitérées : aussi les médecins de tous les siècles ont-ils unanimement établi que la perte d'*une once* de sperme affaiblit plus que celle de *quarante onces* de sang!

Les enfants qui se livrent aux manipulations génitales, maigrissent rapidement, s'étiolent d'une manière alarmante : leur teint, d'un pâle terreux, leurs yeux, cerclés de brun, et enfoncés dans les orbites, leur face grippée, les font bien vite ressembler à de petits vieillards. Ils deviennent difficiles, hargneux, d'une irritabilité, d'une impressionnabilité, d'une irascibilité inconcevables. Leur sommeil est court, agité, souvent plus fatigant que réparateur. Leur appétit se perd, une fièvre lente s'allume ; ils tombent dans le tabès, le marasme, et meurent !... Ou bien, il leur survient des contractions spasmodiques.

des convulsions partielles ou générales, des tremblements choréiformes, des accès éclamptiques ou épileptiformes, l'épilepsie elle-même, et une paralysie toute particulière, accompagnée de raideurs, de contractures excessives des membres, etc., toutes affections qui, aussi, dans la grande majorité des cas, les enlèvent.

Dans un âge plus avancé, aux accidents précités, dont la plupart apparaissent encore, viennent bientôt se joindre l'affaiblissement, la perte totale de la vue, de la mémoire, des palpitations habituelles, des dérangements graves des fonctions digestives, des fonctions cérébrales, la mélancolie, la démence, la folie, etc. Arrivent, enfin la phthisie, et cette autre affreuse maladie, la carie vertébrale, qui après les longues et horribles souffrances qui leur sont propres, mettent un terme à l'état de plus en plus déplorable du malheureux masturbateur !...

Un fait qui doit prendre place ici dans le tableau que j'esquisse à grands traits, plutôt que dans les objets de détails qui, ensuite, viendront peu à peu le compléter, c'est que les excès onaniques ont la plus fâcheuse influence sur les maladies dont sont atteints les individus qui s'y livrent. Constamment, toutes les affections morbides qu'ils contractent ont une allure à elles, se compliquent d'accidents nerveux qui toujours les aggravent, les font durer plus longtemps, les rendent plus opiniâtres, ou tout à fait réfractaires à la thérapeutique qui ordinairement en triomphe. L'adynamie, l'ataxie, l'état typhoïde, si funestes, si fréquents, surtout de nos jours, ne reconnaissent souvent point d'autre cause... Toujours les sujets énervés, usés par ce vice, supportent mal le traitement énergique qui réussit aux autres; et si le médecin fait erreur, s'il méconnaît les habitudes obscènes auxquelles ces sujets s'abandonnent, il les tue !... Une épidémie survient-elle, ces infortunés en sont les premiers atteints, en constituent les plus nombreuses victimes.

Parvenez-vous à triompher d'affections morbides graves, qu'avaient contractées des masturbateurs? fréquemment le retour à leur funeste penchant vient entraver leur convalescence. Vous aviez conçu les plus belles espérances ; vous aviez foi dans un prompt rétablissement. Cruelle déception !... Vous voyez votre malheureux malade dépérir de jour en jour, la fièvre se rallumer, l'appétit se perdre, la consomption faire des progrès effrayants, le marasme, l'étisie arriver, puis, la mort ; et si vous n'avez pas découvert la cause positive de cette mort, vous accusez la science ; vous vous perdez dans les plus vaines des conjectures.

Malheureux jeunes gens, voyez à quoi vous exposent les manœuvres destructives auxquelles vous vous livrez... Masturbateurs de l'un comme de l'autre sexe, comparez donc l'état de langueur, de faiblesse, de souffrance, l'état presque continuellement maladif qui est le vôtre, avec la fraîcheur du teint, l'intégrité des traits, la beauté, la sérénité de la face, ce doux miroir de l'âme, la joyeuseté du caractère, la douce quiétude de la conscience, la grâce, la force, la vigueur de camarades plus sages que vous... Réfléchissez profondément sur les complications effrayantes, la gravité des maladies qui vous frappent, qui vous déciment : pénétrez-vous de plus en plus des dangers, de l'énormité de votre crime, laissez parler bien haut le remords, ce ver si cruellement rongeur.... Et peut-être vous arrêterez-vous encore à temps, pour, un jour, à force de soins, recouvrer une santé, de précieux avantages qui ont fui loin de vous.... Sachez-le encore, et ne perdez pas un seul instant de vue cette nouvelle vérité dont le temps vous forcera de reconnaître toute la justesse : si vous avez eu le malheur d'aller trop loin dans vos obscénités, bien que vous les ayez cessées, que vous ayez recouvré une sorte de bonne santé, la nature n'est point suffisamment vengée des atteintes graves que vous avez portées à ses lois; d'autres genres de tourments vous attendent... Si vous devenez époux, au lieu de trouver dans cette union toutes les délices, toute la félicité que vous promettaient votre union, toutes vos ardentes convoitises, vous ne rencontrerez très-fréquemment que d'horribles déceptions... Que de fois vous aurez à rougir devant votre jeune et chaste épouse de l'humiliante impuissance d'organes que vous avez ruinés!... Et si pourtant vous devenez pères, oh! alors vous reconnaîtrez bien plus fatalement encore les funestes conséquences de vos dérèglements passés... Les enfants qui vous devront le jour, seront le plus ordinairement des êtres faibles, débiles, cacochymes, maladifs, incessamment souffreteux, que fréquemment vous verrez succomber malgré la plus ardente, la plus incessante, la plus idolâtre sollicitude ; et, s'ils survivent à leurs maux, les souffrances presque continuelles qui mineront, qui empoisonneront leur existence, seront des traits qui perceront d'autant plus douloureusement votre pauvre cœur, que vous ne pourrez éloigner de vous cette horrible pensée : les souffrances de mon fils sont dues à d'infâmes habitudes de son père!!... Bien des épouses, bien des jeunes mères trouveront aussi dans de fâcheuses réminiscences du passé, une forte part de cuisants chagrins et d'amers regrets.

Un point important, sur lequel je veux fortement fixer encore l'attention de cette jeunesse si digne d'intérêt, à laquelle j'adresse surtout ces lignes, c'est que, si la pratique de l'onanisme détermine d'abord un développement plus marqué de l'organe générateur, ce développement n'est que factice... Bientôt une ridicule exiguité de la verge, une mollesse, une flaccidité, une flétrissure repoussante de l'organe de l'autre sexe, succèdent au développement prématurément forcé, et préparent pour une autre époque les plus terribles regrets, quand ils ne provoquent point les plus déplorables catastrophes. Que de suicides, en effet, déterminés par les honteuses conséquences dues à ces causes de dégoût et d'abandon, ont été le triste dénoûment de la vie coupablement sensuelle d'infortunés que personne même n'a plaints...

Si l'abus génital conduit à l'impuissance, il conduit aussi à l'infécondité; en effet, par la réitération trop fréquente des émissions séminales, la matière reproductrice perd de sa consistance, devient de plus en plus aqueuse, se décolore, n'a plus l'odeur qui lui est propre, et n'offre plus ses zoospermes. Ce n'est bientôt plus que du mucus incolore, quand ce n'est point du mucus mélangé de sang... Certaines masturbatrices furibondes deviennent stériles aussi, non à cause de la perte, de la détérioration d'une liqueur qu'elles n'ont point, mais bien à cause des secousses voluptueuses trop fortes, trop fréquemment renouvelées, auxquelles elles doivent la complète inaptitude d'organes qu'elles ont ruinés...

Outre les affections morbides que nous avons énumérées ci-dessus, nous devons enregistrer encore celles qui sévissent contre les organes mêmes qui ont péché... Fréquemment, en effet, ces organes, leurs dépendances ou leurs annexes, deviennent le siége d'inflammations, d'engorgements, d'états pathologiques extrêmement graves... des écoulements blennorrhagiques, leucorrhéiques, des cystites, des prostatites, des orchites, des vulvites, des vaginites, des éruptions prurigineuses, eczémateuses, dartreuses d'une grande intensité, etc., etc.

Je ne parle pas ici des pollutions diurnes, ni des pollutions nocturnes; je consacrerai un alinéa particulier pour ces terribles conséquences des abus que je combats...

Si les limites assez circonscrites que je me suis imposées dans la rédaction de ce petit ouvrage, n'arrêtaient point mon essor, si elles me permettaient de mettre sous les yeux de mes lecteurs tous les maux qui forment le cortége constant de l'onanisme, des observations dont les détails ne pourraient être lus sans effroi, viendraient, à chacune de mes pages, attester de plus en plus la funeste étendue des désordres qu'occasionne toujours cette pratique abominable. Mais je crois devoir m'en tenir aux faits précités; ils suffiront du reste, j'en ai la douce espérance, pour éclairer suffisamment sur les dangers auxquels ils s'exposent, les masturbateurs pour lesquels toute ressource n'est point encore perdue.

J'arrive à la description des signes fournis par l'extériorité du mastupratiomane; et si l'on vient à remarquer dans quelques phrases qui y auront trait, certaines répétitions que j'aurais pu omettre, qu'on ne me critique point pour ces redites; on ne répète pas trop ce qui peut être utile, ce qui peut amener à découvrir un grand mal.

Quand chez un enfant, dont la santé aura été bonne

jusque-là, on remarquera un état général de faiblesse et de langueur, la décoloration, la teinte plus ou moins terreuse, plus ou moins plombée de la face, qui, fréquemment, sera parsemée de boutons, un amaigrissement considérable, la fétidité de l'haleine, la présence, autour d'yeux abattus, ternes, enfoncés, languissants, d'un cercle bistré ou bleuâtre, plus ou moins étendu, la dilatation habituelle des pupilles, de l'indifférence ou du dégoût pour les plaisirs de son âge, en même temps qu'un penchant outré pour la solitude ; une attitude généralement morne, silencieuse, une timidité excessive, une impressionnabilité, une irritabilité portées à l'extrême, etc., on pourra soupçonner que cet enfant se livre à quelque aberration clandestine ; en poussant plus loin ses recherches, en examinant les organes sexuels qui présenteront les signes d'une puberté hâtive, qui seront parfois le siége de quelque écoulement anormal, on se fortifiera dans la première pensée que l'on avait conçue ; et si l'aveu du coupable ne vient point arrêter l'observateur dans ses investigations, il ne tardera pas à voir se confirmer tous ses doutes, par l'examen microscopique de l'urine, l'inspection de la chemise, des draps, où le flagrant délit finira par laisser quelques traces... Il conviendra de redoubler alors de surveillance, afin de surprendre le masturbateur sur le fait, et si l'on n'y arrive pas pendant le jour, on finira par y arriver pendant le cours de la nuit. Lors de ces recherches, le malheureux mastupratiomane s'enfonce ordinairement dans son lit, disparaît sous ses couvertures, feint de dormir profondément, il s'aperçoit qu'on vient le surveiller, mais si vous le découvrez, vous le trouvez tout en sueur, sa face est rouge, animée, sa respiration fréquente, son pouls accéléré, l'extrême embarras dans lequel vous le voyez trahit les dénégations qu'il vous fait, et bientôt les souillures de sa couche, vous permettent de l'écraser sous le poids de votre indignation et de vos reproches.

Si vous pénétrez dans le préau d'un collége, dans la cour d'un pensionnat, ou dans un autre lieu de réunion de jeunes gens, dans un de ces moments si gais, si animés, si turbulents, si fous, que l'on appelle les récréations ; si pendant les rires, les jeux, les exercices de tous genres qui rappellent à vos propres souvenirs ces instants si insoucieux, si heureux que vous avez goûtés vous-même, vous apercevez dans un coin isolé quelque sujet à figure pâle, hâve, boutonnée, plombée, amaigrie, décharnée, promenant avec paresse sa nonchalante, fiévreuse et mélancolique personne, pendant que ses bruyants camarades courent, s'ébattent d'une manière si entraînante tout près de lui, huit fois sur dix, vous avez sous les yeux un malheureux jeune homme, une infortunée jeune personne, que le vice odieux des pollutions manuelles conduit lentement au tombeau ! Que de brillants avenirs se sont abimés dans ce précipice affreux ! Que de familles ont été plongées dans un deuil éternel, en y voyant s'engloutir pour jamais leurs plus chères espérances !

Dans certaines maisons d'éducation, on s'oppose fortement à ce qu'une intimité trop grande ne s'établisse entre deux individus seulement, et l'on exige que toujours les élèves se trouvent réunis en un plus grand nombre... Cette manière d'agir est des plus sages... Que de fois effectivement, n'a-t-on pas vu des jeunes gens, de jeunes personnes cacher sous le voile de ces affections intimes, les plus déplorables déréglements !... les familles elles-mêmes devraient bien mettre à profit ce précieux enseignement, et cesser de commettre une faute grave, qui fréquemment est la source des plus révoltantes obscénités ; je veux parler de cette habitude de faire ou de laisser coucher dans le même lit, deux frères, deux sœurs, deux voisins ou deux amis ; quelquefois deux jeunes individus d'un sexe différent... Quand il y a impossibilité absolue de parer aux graves inconvénients que je signale, il faut que la surveillance soit encore plus incessamment en éveil ; il faut surtout éviter le trop long séjour au lit, principalement quand les enfants n'y dorment plus.

Un fait qui doit prendre place ici, et sur lequel on ne peut trop fixer l'attention des parents, c'est qu'ils recèlent quelquefois dans leur intérieur des êtres abjects qui peuvent perdre leurs enfants... On a vu de ces enfants être conduits à la pratique de l'onanisme par certains domestiques chargés du soin de veiller sur eux, ou de pourvoir à leurs besoins ; on a vu de jeunes bonnes porter une main libertine sur les enfants confiés à leur surveillance, à toute leur sollicitude ! On en a vu apprendre à ces innocentes créatures à leur prêter un ministère abominable ; on en a vu se livrer avec de petits garçons au simulacre du coït ; on en a vu... Mais c'est assez... Ma plume se refuse de retracer cette dernière turpitude ; elle est plus odieuse encore que toutes les autres...

Une des terribles conséquences des excès génitaux, ce sont les pertes séminales involontaires que l'on a désignées par les noms de pollutions diurnes ou pollutions nocturnes, suivant qu'elles ont lieu pendant le jour, ou qu'elles arrivent dans le cours de la nuit, au milieu du sommeil, et sous l'influence mensongère de quelque rêve... Ces dernières sont quelquefois salutaires, mais c'est seulement quand elles ont lieu chez des personnes forcées à la continence, qu'elles débarrassent ainsi d'une plénitude qui deviendrait nuisible ; la pollution diurne, au contraire, est toujours un accident grave, auquel il est, dans une infinité de cas, plus que difficile de remédier.

Les pollutions diurnes des sujets qui ont abusé de leurs organes génitaux par des manœuvres masturbatrices, se répètent le plus ordinairement sous l'influence des excitations les plus légères ou les plus fortuites ; une réminiscence, une convoitise érotique, une émotion du cœur, la défécation ou l'émission des urines, suffit souvent pour solliciter le funeste retour de ces pollutions. Fréquemment même ces pertes destructives se manifestent sans érection aucune, sans la moindre sensation voluptueuse.

Les pollutions nocturnes, ainsi que je l'ai dit, il n'y a qu'un instant, sont parfois salutaires, et constamment alors, des rêves agréables les font naître, et la plus douce volupté les accompagne. Mais quand elles ont lieu chez des sujets fatigués, usés par leurs antécédents libidineux, ou bien encore quand elles se répètent trop fréquemment par une sorte d'habitude qui s'en établit, elles arrivent le plus souvent sans rêves, sans érections, sans jouissance aucune. D'autres fois, ces déperditions séminales sont déterminées par la réaction sur les organes génitaux, de quelque fabulation cérébrale : mais alors les rêves ne sont pas toujours composés d'incidents lascifs ; quelquefois au contraire, c'est au milieu du cauchemar le plus fatigant, le plus épouvantable, que survient l'émission spermatique, et le malheureux qui l'éprouve s'abuse parfois un instant encore sur ce qui vient de se passer... Mais les maculations de son linge le rappellent bientôt à la triste réalité.

Les femmes sensuelles, fatiguées ou épuisées par des excès, présentent des phénomènes en tout semblables à ceux dont nous venons de parler; seulement, elles n'ont point de déperdition spermatique. Le liquide qui parfois souille leur couche, est une matière muqueuse dont l'émission n'est point à beaucoup près aussi funeste que celle des pollutions masculines. Aussi ces excitations nocturnes leur sont-elles bien moins préjudiciables qu'elles ne le sont à l'homme.

En me résumant ici sur les dangers de la mastupratio-manie, je crois pouvoir dire hautement, et sans craindre d'être démenti par aucun fait, que cette pratique abominable a mis à mort plus d'individus que ne l'ont fait les plus grandes guerres, jointes aux épidémies les plus dépopulatrices!!! que ceux qui n'ont pas assez sacrifié à ce vice pour en être également victimes, n'ont plus néanmoins devant eux que la triste perspective de l'existence pénible et incessamment maladive qu'il leur reste à traîner; et que ceux dont les lèvres se sont approchées bien moins encore de la coupe empoisonnée, n'en ressentent pas moins toute leur vie de bien fâcheux contre-coups!

Au moment où ma plume trace ces lignes, mon cœur saigne encore au souvenir des tableaux déchirants que j'ai vus successivement se dérouler devant moi. Combien de tombes n'ai-je pas vues se refermer sur des malheureux qui se les sont ainsi creusées de leurs homicides mains!... Tout récemment, trois jeunes gens auxquels je donnais des soins, que l'on entourait de la plus idolâtre sollicitude, furent, l'un après l'autre, enlevés à des parents inconsolables, et les maladies auxquelles ils succombèrent étaient positivement dues aux manœuvres masturbatrices, qu'une funeste intimité leur avait fait connaître, et qu'ils continuèrent presque jusqu'à la mort !... Leur pauvre raison était tellement subjuguée par les abus sensuels auxquels ils se livraient, que conseils, soins, surveillance, menaces... tout échoua contre leur odieux penchant.

Jeunes gens qui vous livrez à la masturbation, si vous pouviez voir, étendus sur leur grabat de douleur, les infortunés dont les cruelles souffrances, la mort assurée ne font que devancer les souffrances et la mort certaine qui vous attendent vous-mêmes si vous continuez vos manœuvres ; si vous pouviez être témoins des sanglots, des pleurs déchirants qui s'exhalent sur les cercueils de malheureux qui, comme vous le faites vous-mêmes, se sont, eux aussi, creusé la tombe qui va les recevoir; si pour un instant vous pouviez vous placer dans le linceul qui les entoure, entre les quatre planches qui les séparent des larmes qui, sans elles, inonderaient leur visage... Si vous entendiez les cris déchirants d'une mère qui vous adore, les sanglots d'un père qui vous chérit, et dont vous devez perpétuer le nom... Si vous entendiez les lamentations de vos parents et de vos amis... S'il vous était possible de voir et d'entendre tout cela vivant... Si vous pouviez vous persuader que vous-mêmes ne tarderez peut-être pas à devenir le sujet d'un pareil spectacle, oh! alors, j'en ai la bien intime conviction, vous ne continueriez plus de vous suicider chaque jour comme vous le faites, vous rompriez avec d'affreuses habitudes... Vous redeviendriez ce que toujours vous auriez dû rester... Ou bien... Oh malheur! mille fois malheur !... C'est que vous seriez du nombre de ces êtres abjects qui ne méritent plus même le mépris des autres hommes !... de ces infortunés sur lesquels on jette en passant un regard de pitié, de dédain, et qu'ensuite on oublie.

Un savant a écrit quelque part : « La vue d'un ivrogne est une excellente leçon de tempérance.» Je crois pouvoir ajouter ici, moi, que ce serait une bien grande leçon de sagesse que l'on donnerait aux jeunes gens, ne se masturberaient-ils même point, que de les conduire auprès d'infortunés camarades qui vont succomber à leurs déplorables déréglements. Plusieurs jeunes gens, à l'égard desquels on s'est servi de ce moyen puissamment préventif, ont ensuite affirmé, nombre de fois, qu'ils ont dû aux tableaux de souffrances et d'effroi qu'ils ont eus sous les yeux, d'avoir résisté plus tard aux infâmes provocations de camarades pervertis... Mais c'est assez disserter sur l'horreur, les dangers de la masturbation, et sur les moyens à l'aide desquels on pourra reconnaître l'existence de cette pratique abominable et pernicieuse. La sollicitude des familles et la vigilance des personnes auxquelles les enfants auront été confiés, suppléeront à tout ce qu'il m'a fallu omettre... Je n'ai pas la prétention d'avoir épuisé la matière... Oh! non, c'est à peine même si j'ai pu l'effleurer.

Je vais terminer par un exposé succint des moyens physiques, moraux et médicaux, à l'aide desquels on pourra prévenir les habitudes masturbatrices, les arrêter quand elles se seront développées, et remédier à plusieurs des maux qu'elles auront fait naître... Seulement je me hâte de prévenir mes lecteurs qu'ils devront bien se garder de voir dans cet exposé une sorte de cours de thérapeutique dont eux-mêmes au besoin pourraient tirer parti... Une telle croyance serait une grave erreur et pourrait devenir la source des plus funestes résultats... Mon intention, en écrivant ces lignes, a été de faire voir que, contrairement à l'opinion presque générale, la médecine peut beaucoup contre de pareilles perversions, et j'aurai atteint le but que je me suis proposé, si j'ai pu persuader les masturbateurs, leurs parents, leurs surveillants ou leurs maîtres, de l'indispensabilité de recourir de bonne heure aux conseils du médecin...

Si l'enfant qui se masturbe est très-jeune, si le sentiment du devoir sommeille encore en lui, on n'a de ressources à opposer à ses manœuvres que dans la surveillance la plus incessante, la ligature des mains pendant la nuit, l'usage habituel d'un caleçon dont l'ouverture sera placée en arrière, l'emploi de quelque moyen, l'application de quelque appareil qui s'oppose aux attouchements que l'on veut prévenir. Mais quand le sujet est plus avancé en âge ; quand la voix intérieure, qu'on appelle la conscience, est susceptible de se faire entendre, c'est alors à cette voix puissante, à la volonté, au moral de l'individu qu'il faut énergiquement s'adresser. Mais ce sera bien fréquemment en vain que vous déclamerez contre l'horreur, contre l'infamie de sa conduite, que vous chercherez à lui prouver que, par l'énormité du crime qu'il commet, il se rend coupable d'infractions graves contre les lois divines et contre les devoirs sacrés de l'humanité... La passion funeste qui l'entraîne, qui le subjugue, qui le maîtrise, et qui l'aveugle entièrement, fermera bien vite son oreille, son cœur, à vos sages observations... Montrez-lui plutôt tous les effets désastreux de la mastupratiomanie ; parlez-lui souvent, sans cesse, toujours, de ces lésions graves et nécessairement mortelles, qui ne manquent jamais de frapper les organes les plus importants de l'économie ; faites-lui voir les nombreux et brillants avantages que la santé, la force, la vigueur, procurent dans toutes les circonstances de la vie ; insistez sur l'état de nullité physique, morale et intellectuelle qui l'attend indubitablement s'il continue de se livrer à ses odieuses manœuvres... Ne craignez pas de lui démontrer sans cesse que, chaque jour, il creuse lui-même sa tombe, seul terme des souffrances horribles qu'il se prépare, et dont peut-être déjà il éprouve les premières atteintes......

A la jeune personne qui a le malheur de s'abandonner à ces obscénités, tenez le même langage... Appuyez surtout sur la perte irréparable de charmes, d'attraits, de qualités dont, plus tard, si elle ne succombe point, elle appréciera l'absence alors bien amère, trop fréquemment la cause du malheur de toute sa vie... Que sais-je moi ?... Laissez bien haut parler votre cœur ; il vous suggérera, dans vos causeries, mille arguments, mille conseils plus ingénieux, plus puissants, plus persuasifs que ceux que je trace si rapidement ici... En somme, usez de tous les moyens qui seront en votre pouvoir, pour convaincre, pour corriger le malheureux masturbateur. Il est perdu pour jamais, si vous ne pouvez parvenir à lui faire cesser ses meurtrières manœuvres....

A ces préceptes généraux, il faudra nécessairement joindre tout ce qui sera susceptible de changer les habitudes du sujet. Le séjour à la campagne, la chasse, la paume, toutes les occupations de la vie champêtre, tous les exercices gymnastiques possibles, un régime analeptique, mais duquel il faudra soigneusement bannir toutes les substances excitantes : les viandes noires, le poisson, les liqueurs alcooliques, les vins spiritueux, le thé, le café... Un sommeil de peu de durée, sur un lit dur, dont les matelas et les oreillers seront composés de paille, de mousse ou de crin; dont les couvertures seront plutôt légères que moelleuses et chaudes, et dans lequel le décubitus aura constamment lieu sur l'un ou l'autre côté, mais jamais sur le dos... Il est surtout bien essentiel de ne jamais laisser le malade seul, et de ne pas cesser un instant de le surveiller quand il s'assied, que cette station soit de la moins longue durée possible, et que le siége dont il fera usage soit de bois, tout au plus de paille. Que ses lectures soient courtes, et ses promenades longues : que ses livres soient de bons conseillers, lui procurent d'utiles distractions ; qu'il évite avec un soin religieux, qu'il éloigne pour jamais de lui ces ouvrages incendiaires où d'abjects auteurs se sont plu à peindre avec des couleurs séduisantes les déplorables égarements des sens... Qu'il évite de même tout divertissement, tout ce qui serait susceptible d'éveiller, d'exciter ses sens, de susciter quelque réminiscence, quelque convoitise érotique... Je le répète, il ne faudra jamais que l'onaniste reste dans une molle oisiveté, peu importe quelles seront ses occupations. Ce qu'il est indispensable de faire, c'est qu'il s'occupe, qu'il agisse, qu'il joue, qu'il se promène, surtout qu'il se fatigue, et que le sommeil devienne pour lui un besoin impérieux qu'il lui faille absolument satisfaire pour se remettre des fatigues de la journée.

Dans toutes les circonstances, quand on remarquera un développement excessif des organes sexuels, il deviendra indispensable de recourir aux bains tièdes ou frais, locaux ou généraux, longtemps prolongés, aux lotions fréquentes, aux applications mucilagineuses froides, aux boissons adoucissantes, émulsionnées, aux aliments doux et de facile digestion; on emploiera même quelques déplétions sanguines, soit générales, soit locales, dans certains cas particuliers.

En général, les jeunes gens devraient porter les cheveux très-courts, principalement à l'occiput, et surtout bien entendu, quand on leur connaîtra, ou qu'ils se connaîtront eux-mêmes du penchant pour la masturbation, ou bien qu'ils auront contracté l'habitude de ce vice... Cette pratique, que la mode pourrait consacrer, serait fréquemment utile; il faudra nécessairement y avoir recours quand le renflement occipital sera très-prononcé, qu'il l'emportera sur la prééminence du front; c'est alors qu'assez souvent, il conviendra d'en venir aussi à des applications de sangsues, de glace, de belladone, etc.., sur la partie postérieure et inférieure de la tête. Je ne disserterai point ici sur la valeur de la localisation phrénologique assignée au cervelet. Certainement des habitudes solitaires ont été constatées en l'absence complète de cet organe, et dans une infinité de cas, des lésions encéphaliques ont donné lieu à des phénomènes génitaux très-significatifs; mais les données de la science me paraissent péremptoires aussi sur l'influence fonctionnelle que généralement on accorde à cette portion de la masse cérébrale.

Les pollutions séminales, ces pertes involontaires, compagnes si dangereuses et toujours inévitables des abus génitaux, méritent constamment la plus sérieuse attention... Il faut se hâter de porter remède à ce funeste état de choses, car, s'il devient impossible d'en triompher, le malade est perdu, perdu sans ressource aucune.... Il languit, il dépérit de jour en jour ; bientôt il se désespère, en sentant en quelque sorte, une certaine portion de son existence lui échapper, à chacune de ces émissions... La nature aux abois l'abandonne, la médecine est impuissante, chacune des journées qu'il lui reste à vivre est une journée d'horribles souffrances, de tortures inouïes, de remords assommants... La tombe elle-même tarde quelquefois trop à s'ouvrir pour cet infortuné, dont la main, plus coupable encore, saisit enfin le fatal ciseau, et d'un seul coup tranche le mince fil qui le retenait encore sur la pente de l'éternité.... Il se tue pour mettre un terme à ses maux!!!...

C'est à l'aide des moyens généraux dont nous avons parlé : régime, exercice, décubitus, éloignement de tout ce qui pourrait provoquer les organes génitaux, moyens auxquels on pourra joindre des laxatifs, des demi-lavements camphrés, des bains de rivière, des lotions froides, etc., que l'on parviendra, dans un grand nombre de cas, à triompher de ces pollutions. Il est inutile d'ajouter que la cessation complète, absolue de manœuvres vicieuses, est tout à fait indispensable pour obtenir le succès.

Parlerai-je maintenant d'une opération chirurgicale qui consiste à retrancher certaines parties de l'un ou de l'autre organe sexuel, qui, comme moyen extrême, a été différentes fois pratiqué avec succès par plusieurs praticiens ? Je laisse aux familles assez malheureuses pour se trouver dans la cruelle nécessité d'une telle mutilation, le soin d'en apprécier la convenance, et à mes confrères, le pénible devoir de juger de son opportunité...

Je pourrais rapporter ici de nombreuses observations qui viendraient encore à l'appui de mes paroles, mais malgré l'épaisseur du voile sous lequel je placerais ces faits, il se pourrait que je dérobasse ainsi plusieurs d'entre eux au mystère profond dans lequel il convient toujours de laisser de pareilles choses... et d'ailleurs, mon opuscule ne gagnerait rien à ces citations... J'en ai dit assez, sans doute, pour éclairer, à mon tour, les jeunes gens sur les dangers des habitudes solitaires... pour venir en aide aux uns, pour prémunir les autres et contribuer à les guérir... Quant aux incorrigibles, on ne peut que les plaindre, on ne peut que gémir sur les déplorables égarements qui, après leur avoir fait traverser toutes les phases du dépérissement, de l'anéantissement physique, moral et intellectuel, les conduit directement et infailliblement à la tombe... Puisse ma pensée d'être utile racheter tout ce qu'il y a d'imparfait dans ce travail... et fasse le ciel que mes avertissements portent conseil, et que mes conseils portent fruits...

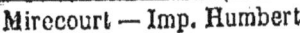

Mirecourt — Imp. Humbert

www.ingramcontent.com/pod-product-compliance
Lightning Source LLC
Chambersburg PA
CBHW070443080426
42451CB00025B/1305